Pièce
4° F
2370

AF320747

DIRECTION GÉNÉRALE

DE L'ENREGISTREMENT, DES DOMAINES ET DU TIMBRE.

NOTE.

PROJET DE RÉFORME

DES LOIS ET RÈGLEMENTS SUR L'ENREGISTREMENT.

DIRECTION
GÉNÉRALE
DE
L'ENREGISTREMENT,
DES DOMAINES
ET DU TIMBRE.

NOTE.

PROJET DE RÉFORME

DES LOIS ET RÈGLEMENTS SUR L'ENREGISTREMENT.

Dans la séance du 8 décembre 1876, M. Parent, député de la Savoie, a présenté à la Chambre une proposition de loi ayant pour objet la réforme de la législation sur l'enregistrement.

L'honorable membre fait deux reproches à cette législation. Il trouve qu'elle est compliquée à l'excès et qu'elle n'atteint pas complétement la fraude. Selon lui, il faudrait simplifier l'application de la loi et adopter des mesures d'ordre intérieur qui permissent aux employés, en les déchargeant d'une partie du travail matériel, de consacrer tous leurs efforts à la découverte des droits soustraits au Trésor.

On examinera successivement et aussi brièvement que possible ces deux parties de la proposition.

§ 1er.

SIMPLIFICATION DE LA PERCEPTION.

M. Parent attribue la difficulté actuelle d'application de nos lois sur l'enregistrement à deux causes principales. Il lui semble d'abord que ces lois sont trop nombreuses, trop éparses et trop difficiles à concilier les unes avec les autres. Il fait remarquer que ces textes ont donné lieu à plus de 2,000 instructions officielles adressées au service et à une multitude d'arrêts perdus au milieu des collections de jurisprudence. Le moment lui paraît venu de procéder à la codification complète de tous ces documents. On fondrait les lois actuelles et les décisions qui en ont fixé le sens en une loi unique servant désormais de code à la perception des droits d'enregistrement.

Ce code se composerait d'une première partie dans laquelle on réunirait les règles générales du droit et d'une seconde partie consacrée aux tarifs. De cette manière, les employés auraient à leur disposition un instrument de perception facile à appliquer, et les contribuables un moyen commode de connaître le montant des taxes.

Ce travail de réforme fournirait, d'ailleurs, l'occasion d'apporter dans les principes ou dans les tarifs actuels la simplification et l'uniformité qui font défaut. On corrigerait beaucoup d'imperfections et on détruirait beaucoup d'injustices qui se sont perpétuées dans notre régime fiscal depuis l'an VII.

M. Parent a donné à cette seconde partie un grand développement. Il indique quelles sont, à son avis, les améliorations à introduire dans la loi.

Elles sont si nombreuses qu'on devra se borner à les mentionner sommairement.

L'honorable député désire d'abord que l'on réduise les variétés et le nombre des droits de toute nature actuellement perçus sous le nom de droits fixes, droits gradués et droits proportionnels.

Il se demande aussi s'il n'y aurait pas avantage à réunir les décimes au principal de manière à n'avoir à appliquer, dans tous les cas, qu'une seule taxe.

Les règles qui régissent la perception des droits fixes lui paraissent devoir être modifiées à deux points de vue : d'abord, en ce qui concerne la pluralité, parce que les principes en sont mal établis; en second lieu, parce que la perception devrait être réglée sur les actes, non pas d'une manière uniforme et invariable, mais en raison de l'importance de ces actes et de l'intérêt pécuniaire auquel ils s'appliquent.

M. Parent estime que ce mode de perception serait très-avantageux surtout pour les protêts et pour toutes les procédures devant les juges de paix.

Mais c'est principalement dans la liquidation du droit proportionnel de mutation que l'honorable membre désire apporter des changements. Il trouve tout à fait inexplicable que le législateur ait établi plusieurs tarifs pour les cessions de valeurs mobilières à titre onéreux. Ces actes devraient être, à son avis, indistinctement soumis au droit de 2 francs pour 100 francs.

Il lui semble que le recouvrement intégral des droits applicables aux ventes d'immeubles n'est pas suffisamment assuré. Pour remédier à cet inconvénient, il conviendrait :

1° De décider que toutes les transmissions seront opérées par acte authentique, sous peine de nullité;

2° D'asseoir la perception sur une valeur imposable déterminée par des commissions locales;

3° De réduire à un mois le délai de trois mois accordé pour l'enregistrement des actes sous seing privé de mutation;

4° Enfin, d'abaisser considérablement le droit applicable aux conventions par lesquelles des immeubles sont achetés par une personne dans l'intention de les revendre.

M. Parent élève des critiques plus nombreuses encore sur la perception des droits de mutation à titre gratuit.

Il demande que le tarif des donations en ligne directe soit réduit au même taux que celui des successions;

Que les successions de peu d'importance dévolues en ligne directe soient affranchies de tout impôt;

Que tous les parents au delà du troisième degré payent le même droit que les personnes non parentes;

Que la liquidation de l'impôt soit établie sur la valeur vénale des immeubles et non plus sur le capital formé de 20 ou 25 fois le revenu;

Que le mobilier dépendant des successions soit évalué d'office par la loi à une somme proportionnelle à la valeur de l'hérédité;

Que la déduction du passif soit admise dans les déclarations de successions;

Enfin, que la loi augmente le délai fixé pour déclarer les successions en ligne directe et échues à des mineurs lorsqu'elles ne dépassent pas 10,000 francs.

L'honorable député termine ses observations par l'examen de la législation qui a établi la taxe des biens de mainmorte. Il ne s'explique pas pour quel motif on assujettit à l'impôt de transmission les départements, les communes et les établissements publics, qui sont, dit-il, un rouage de l'Administration. Mais il demande qu'on y soumette les immeubles possédés par les chapitres des diocèses et par les fabriques des paroisses. Il insiste surtout sur l'opportunité d'atteindre toutes les communautés religieuses, autorisées ou non, et sur la nécessité d'étendre l'impôt à toutes les valeurs mobilières.

Telles sont, brièvement résumées, les réformes indiquées dans la première partie de la proposition.

D'après la nature et la variété de ces réformes, il ne s'agirait de rien moins que de bouleverser de fond en comble une législation fiscale qui produit annuellement au Trésor plus de 600 millions et dont l'application ne donne lieu qu'à une moyenne de 230 à 250 actions judiciaires par an. Il serait sans contredit de la plus grande imprudence de toucher aussi profondément que le demande M. Parent à un instrument de perception qui fonctionne dans de telles conditions et avec une facilité aussi grande. Sans doute, sur certains points, la législation peut être améliorée; on peut procéder successivement et avec circonspection à l'étude des simplifications qu'elle comporte, mais l'Administration de l'enregistrement a trop le sentiment de sa responsabilité pour s'associer à une révision générale qui

changerait les bases presque séculaires de l'impôt et serait de nature à
compromettre gravement l'équilibre de nos finances.

Ces considérations générales sembleraient suffisantes pour faire repousser
la proposition de l'honorable député. On ne peut cependant se dispenser de
répondre sommairement à quelques-unes de ses critiques, afin de démontrer qu'elles conduisent à des impossibilités absolues et qu'elles procèdent
d'appréciations contestables sur l'économie de notre régime fiscal.

1° C'est la troisième fois que M. Parent renouvelle sa proposition relative à un projet de codification des instructions, des lois et des arrêts.

En ce qui concerne les instructions, il convient de faire remarquer que
celles ayant pour objet l'interprétation des textes législatifs et la perception
de l'impôt sont loin d'être aussi nombreuses que l'indique l'honorable député. Elles ne figurent que pour un chiffre relativement minime parmi les
2,000 circulaires adressées depuis le commencement du siècle aux agents
de l'Administration. Le surplus a trait à des travaux de manutention et à
des opérations d'ordre intérieur et ne concerne pas l'application des
droits.

Quant à la codification des lois et arrêts, à leur refonte dans une loi or-
ganique contenant des dispositions simples, faciles à comprendre et à
appliquer, on peut affirmer que c'est là un projet irréalisable et des plus
dangereux.

L'impôt de l'enregistrement étant assis sur les actes et sur les conventions civiles, la perception en est intimement liée à l'application de toutes
les lois qui régissent ces actes ou ces conventions. Les difficultés qui sur-
gissent à chaque instant dans la détermination du tarif et dans la liquidation
du droit proviennent en grande partie des incertitudes existant dans la loi
civile sur le caractère des contrats, sur les effets juridiques ou sur le sens
précis des textes du droit commun. Aussi longtemps qu'on n'aura pas
trouvé le moyen de prévenir ces dernières controverses, en fixant législati-
vement la portée des dispositions des codes sur tous les points obscurs dont
la jurisprudence civile ne cesse de s'occuper depuis plus d'un demi-siècle,
il sera impossible d'éviter les difficultés de l'application des lois du timbre
et de l'enregistrement.

Pour réaliser la réforme proposée par M. Parent, il faudrait commen-
cer par refondre tous nos codes en réunissant sous chacun de leurs articles,
en textes de lois, les décisions de la doctrine et de la jurisprudence. Tant
qu'il y aura des questions de droit à discuter et des procès civils à juger, il
y aura aussi des contestations en matière d'enregistrement. C'est une con-

séquence nécessaire de la nature de l'impôt et du caractère de sa perception, intimement liée aux applications du droit civil.

Les commissions parlementaires qui ont eu l'occasion d'aborder la révison de certains tarifs en ont fait l'expérience. Elles ont pu constater que la moindre modification à la loi sur l'enregistrement soulève immédiatement les plus graves difficultés du droit civil et commande par cela même une extrême circonspection. La refonte complète de la législation fiscale entraînerait des développements indéfinis et de nature à lasser les résolutions les plus fermes.

Il est d'ailleurs douteux que le résultat de cet immense travail fût profitable au Trésor et au public.

Quelle que fût l'habileté de la rédaction nouvelle, les textes ne manqueraient pas de donner lieu à des interprétations divergentes, pour la solution desquelles il faudrait faire recommencer par la jurisprudence l'œuvre qu'elle a accomplie sur les lois fondamentales de l'an vii. La refonte ferait certainement naître plus de procès qu'elle n'en pourrait supprimer ou prévenir. Les contribuables sont habitués à la législation en vigueur; ils trouvent dans les officiers publics des défenseurs vigilants de leurs intérêts et des conseils éclairés. La plupart des points importants de doctrine sont, d'ailleurs, définitivement fixés. L'application des lois anciennes ne donne plus lieu qu'à un nombre relativement restreint de procès. C'est l'interprétation des lois votées depuis 1871 qui, n'ayant pu encore être complétement réglée par la jurisprudence, soulève actuellement les difficultés les plus nombreuses.

Au surplus, l'Administration de l'enregistrement n'a rien négligé pour faciliter à ses agents la recherche et l'examen des textes et pour mettre les principes généraux de la législation à la portée des contribuables. Elle a fait réunir, dans ce but, en un seul volume divisé par ordre de matières, toutes les lois relatives au timbre et à l'enregistrement, en reliant les dispositions de chacune d'elles par des références soigneusement combinées. Ce *code*, tenu au courant par un supplément annuel, est publié dans des conditions économiques qui le rendent accessible à tout le monde. On a la conviction que cette publication atteint aussi complétement que possible le but qu'on s'est proposé, et on espère avoir suffisamment démontré le caractère impraticable, l'inutilité et les dangers du projet de codification défendu par M. Parent.

2° L'honorable député trouve des inconvénients à la multiplicité des droits fixes, des droits gradués et des droits proportionnels actuellement perçus. Il en demande la simplification.

A-t-il, comme on peut le croire d'après plusieurs de ses observations, la pensée que cette simplification serait obtenue en remplaçant ces nombreuses variétés de taxes par un droit unique calculé uniformément d'après l'intérêt pécuniaire que les actes ont pour objet ? Cette réforme serait irréalisable, par la raison bien simple qu'un grand nombre d'actes ne renferment l'expression d'aucune valeur déterminée ou même susceptible de détermination. Près de 10 millions de ces actes sont présentés chaque année à la formalité de l'enregistrement. On a atteint les contrats d'après leur importance présumée toutes les fois que cela a été possible; tel est précisément le but du droit gradué. Mais c'est là l'exception, et pour tous les autres cas, la seule perception applicable est celle du droit fixe.

L'idée de M. Parent est-elle qu'il conviendrait, en laissant substituer la variété actuelle des tarifs, d'en réduire les quotités et de simplifier ainsi le nombre des droits établis dans chaque catégorie ? Une mesure pareille serait extrêmement fâcheuse. Les droits ont été combinés, dans chaque classe du tarif, de manière à graduer le taux de l'impôt d'après la nature des actes et d'après leurs fonctions économiques. C'est par là que le législateur trouve le moyen de proportionner la charge du droit à l'importance respective des conventions et à leur plus ou moins grande utilité sociale. On simplifierait peut-être matériellement la perception en diminuant la classification des droits, mais on détruirait assurément l'économie de la législation.

3° M. Parent demande si les décimes ne devraient pas être réunis au principal. On n'aperçoit pas ce que le Trésor gagnerait à cette mesure, mais on voit très-bien ce que le contribuable aurait à y perdre. Les décimes sont par leur nature des taxations provisoires destinées à être supprimées quand les nécessités qui les ont fait établir n'existent plus. Il n'est pas sans exemple qu'on les ait abolies. Si elles étaient réunies au principal, le public perdrait certainement les chances qui peuvent survenir plus tard d'en obtenir la suppression. Ce n'est point là, sans doute, le résultat auquel M. Parent veut arriver. L'honorable député ignore, d'ailleurs, que les agents de perception ne touchent aucune remise sur les recettes provenant des décimes, et qu'un cinquième des produits rentre ainsi sans aucun prélèvement dans les caisses du Trésor.

4° La critique que l'honorable député adresse à la diversité des tarifs applicables aux cessions de meubles à titre onéreux n'est pas mieux fondée. Le législateur a eu ses raisons pour ne pas soumettre toutes ces mutations au droit de 2 p. o/o. Quelques-unes d'entre elles méritent une faveur particulière et doivent être encouragées : telles sont notamment les ventes publiques de marchandises après faillite, les cessions de parts d'intérêts dans les sociétés, les abandonnements pour fait d'assurance ou grosse aventure, qui profitent d'un tarif spécial de 5o centimes par 100 francs; telles sont aussi les ventes de marchandises en gros, pour lesquelles le droit a été abaissé jusqu'à 10 centimes par 100 francs. Il est évident qu'une taxe de 2 p. o/o appliquée à ces contrats serait excessive et deviendrait un véritable droit prohibitif.

5° On ne saurait non plus approuver les mesures que l'auteur de la proposition de loi recommande pour assurer le recouvrement des droits sur les transmissions d'immeubles. L'Administration aurait intérêt sans doute à ce que toutes les ventes fussent rédigées par acte public à peine de nullité. Il n'en résulterait pas cependant une plus grande sincérité dans l'énonciation des prix : des comparaisons très-attentives l'ont démontré. Mais il est à croire qu'une partie des mutations opérées verbalement ou par acte secret qui actuellement échappent à l'impôt y serait alors soumise. Cependant, une pareille exigence modifierait si complétement les principes du Code civil sur la transmission de la propriété, qu'elle n'aurait probablement aucune chance d'être accueillie par les Chambres françaises.

En outre, le taux élevé des honoraires des notaires rendrait souvent impossible la transmission par acte authentique d'immeubles d'une faible valeur.

On avait proposé à l'Assemblée nationale un moyen non moins radical, consistant à déclarer nuls les actes de vente non enregistrés. Mais cette idée, émanée de l'initiative parlementaire, n'a eu aucun succès. Elle a été combattue, dans la séance du 3o décembre 1874, par l'honorable M. Faye et par la Commission du budget, pour des motifs qui s'appliquent beaucoup plus directement encore à l'obligation de rédiger un acte public. Son rejet semble faire pressentir le sort qui attendrait cette dernière proposition. On ne croit pas avoir besoin d'insister à cet égard.

6° Serait-il du moins opportun de réduire à un mois le délai accordé pour l'enregistrement des actes sous signatures privées de mutation et d'abaisser le tarif des acquisitions faites par les spéculateurs connus sous le nom de marchands de biens? On ne découvre pas quel serait, dans l'intérêt du Trésor, l'effet de ces deux modifications.

La première diminuerait les facilités accordées aux acquéreurs pour le payement de l'impôt, et elle accroîtrait peut-être, au lieu de le réduire, le nombre des actes soustraits à la formalité de l'enregistrement. La seconde serait d'une application à peu près impossible par suite de la difficulté de constater le but véritable de l'acquéreur ; elle donnerait lieu pour cette raison à des abus, et il est même douteux qu'elle pût déterminer les spéculateurs proprement dits à abandonner l'usage frauduleux de la procuration pour payer au Trésor un droit proportionnel de 1 franc ou de 1 fr. 50 p. o/o qui représente souvent l'intégralité de leur bénéfice.

7° La dernière mesure que M. Parent conseille pour prévenir les fraudes dans le recouvrement du droit de mutation à titre onéreux, serait la détermination de la valeur imposable de toutes les classes de propriétés immobilières, par une commission locale assistée des agents du Gouvernement. Le simple énoncé de la question permet d'apprécier les travaux gigantesques d'évaluation qu'entraînerait l'adoption de cette proposition. On connaît les difficultés de toute nature que soulève déjà le projet beaucoup plus pratique cependant de la révision des revenus territoriaux. Ce n'est donc, à aucun point de vue, le moment de faire entreprendre encore dans chaque commune, l'estimation contradictoire de la valeur vénale des propriétés.

Il n'est pas douteux, d'ailleurs, que confier à des commissions locales le soin d'évaluer les immeubles de leurs circonscriptions respectives serait une entreprise chimérique, les estimations émanant d'intéressés devant être forcément atténuées dans des proportions considérables. Cette conséquence inévitable ne serait nullement modifiée par l'intervention des employés du Gouvernement dont les appréciations ne sauraient évidemment prévaloir sur celles des propriétaires, auxquels l'expérience et la connaissance des localités donneraient toujours une indiscutable autorité.

L'Administration des contributions directes a fait procéder, en exécution d'une loi du 2 août 1850, à un travail considérable d'évaluation demeuré sans résultat. L'expérience est donc faite, et elle est concluante. De telles propositions peuvent donner satisfaction à des conceptions théoriques, mais l'application rencontre des difficultés trop complexes pour qu'il y ait lieu de renouveler des tentatives aussi stériles.

8° Pour terminer l'examen de la première partie de la proposition de M. Parent, il reste à répondre à ses observations concernant les mutations à titre gratuit et la taxe des biens de mainmorte.

L'honorable député s'étonne que les donations en ligne directe soient frappées d'un tarif supérieur à celui des successions dévolues dans la même ligne. Cela n'est pas tout à fait exact, puisque le droit applicable aux donations à titre de partage anticipé est le même que le droit des mutations par décès. Quant aux libéralités entre-vifs ordinaires, on a toujours considéré que la convention volontaire par laquelle l'enfant est investi de la propriété avant l'époque à laquelle cette propriété devait naturellement lui revenir, doit donner lieu à un droit plus élevé que la succession. Ce résultat s'explique par la considération que l'enfant recueille un avantage plus grand, puisqu'il reçoit plus tôt les biens qu'il est appelé à recueillir. Cette différence a été soigneusement marquée dans la loi du 22 frimaire an VII et elle a été maintenue dans toutes les législations postérieures, sans réclamations de la part des contribuables.

M. Parent désirerait, en outre, que l'on exemptât du droit proportionnel toutes les successions n'excédant pas 1,000 francs. Il a déjà présenté sans succès à l'Assemblée nationale cette proposition empruntée à la législation belge.

On rappellera succinctement les motifs qui en ont déterminé le rejet. En premier lieu, il a été établi que l'exonération entraînerait une diminution de recettes de 4 millions au minimum. Cette perte a été jugée trop considérable pour être supportée par le Trésor. Cette observation n'a rien perdu de sa force. Bien plus, ce n'est pas dans un moment où la question relative à la déduction du passif fait l'objet d'un examen sérieux et approfondi qu'il faudrait songer à diminuer l'impôt sur les mutations par décès, dont les produits devraient naturellement servir à compenser la perte qui résulterait de l'admission du principe de la distraction des charges.

En second lieu, on s'est demandé si l'exemption présentée était réellement justifiée au point de vue de l'équité, et on a été amené à reconnaître notamment qu'il n'y avait pas de motif pour dispenser du payement du droit les legs d'objets n'excédant pas une valeur de 1,000 francs recueillis dans des successions opulentes.

M. Parent demande, de plus, que l'on porte à un an le délai de six mois accordé pour la déclaration des successions échues à des mineurs, lorsqu'elles ne dépassent pas 10,000 francs. Mais cette mesure serait d'une exécution très-difficile par suite de l'impossibilité à peu près absolue de constater, avant la déclaration de succession, à quelle somme s'élève l'hérédité. Il est d'ailleurs, en l'état actuel des choses, suffisamment pourvu aux intérêts des mineurs par les prorogations de délai qui sont toujours accordées sans amende de retard quand elles sont rendues nécessaires par les difficultés de la liquidation.

L'honorable M. Parent propose encore d'élever à 10 p. o/o le tarif des droits de succession à partir du quatrième degré de parenté. M. Pagès-Duport, membre de l'Assemblée nationale, avait déjà, en 1873, proposé cette réforme. Mais elle a été repoussée par des motifs qu'il suffira de résumer ici.

L'élévation exagérée du tarif aurait pour résultat de provoquer la fraude. L'augmentation du droit ne produirait qu'une somme comparativement minime, les successions au delà du quatrième degré et entre étrangers étant relativement assez rares. En outre, la surtaxe imposée aux personnes non parentes frapperait des contribuables dignes d'intérêt, tels que des serviteurs, des hospices, des villes, des établissements de bienfaisance, etc.

La Chambre n'accueillerait pas sans doute plus favorablement le projet de l'honorable député qui consisterait à évaluer d'office, pour la perception de l'impôt, le mobilier d'une succession, à un « *tantième* » de la valeur de l'hérédité. Cette disposition a été empruntée à la législation italienne, où elle a été introduite comme un correctif nécessaire de la déduction du passif.

Il semble également opportun d'en subordonner l'examen à la solution de la question relative à la déduction des dettes. Cette importante question, aussi soulevée par l'honorable M. Parent, fait actuellement l'objet des travaux de deux commissions : l'une, extraparlementaire, instituée par le Ministre des finances; l'autre, nommée par la Chambre des députés. Il n'y a donc pas lieu de s'en occuper ici, non plus que du projet corrélatif de substituer la valeur vénale à la capitalisation du revenu pour la liquidation de l'impôt de mutation par décès.

Peu de mots suffiront pour répondre, en terminant, aux critiques de M. Parent sur la taxe des biens de mainmorte. Cet impôt est destiné à tenir lieu du droit de mutation auquel donneraient ouverture, dans les conditions ordinaires, les immeubles possédés par les établissements dits de mainmorte dont l'existence se perpétue par une subrogation successive de personnes, et qui sont, pour cette cause, soustraits presque indéfiniment au mouvement des transmissions. Il était donc absolument juste d'y soumettre les immeubles possédés par les départements, les communes, les hospices et les autres établissements publics de la même nature, puisque ces établissements constituent au premier chef les institutions de mainmorte pour lesquelles la loi a été établie. Les en dispenser, comme le demande M. Parent, serait créer une exception injustifiable et enlever à la loi presque toute son utilité. Y aurait-il opportunité à étendre l'impôt aux congrégations religieuses *non autorisées*, qui fonctionnent sous le nom de sociétés civiles ordinaires? L'Administration s'est plusieurs fois déjà préoccupée de la question, et on a dû reconnaître que cette mesure, d'une application difficile, était presque sans intérêt pour le Trésor. Quant aux immeubles possédés par les chapitres diocésains ou par les fabriques paroissiales et auxquels M. Parent demande qu'on applique désormais la loi, il n'y a aucune réforme à opérer sur ce point, car ces établissements sont expressément assujettis à l'impôt par l'article 1ᵉʳ de la loi du 20 février 1849. On ne croit pas enfin qu'il y ait lieu de proposer, selon le vœu de l'honorable député, d'étendre le droit de mainmorte aux *valeurs mobilières*. Un amendement dans ce sens avait été présenté lors de la préparation de la loi de 1849, et il a été repoussé par les motifs suivants, reproduits dans le rapport de M. Jules Grévy : «Sans contester, a-t-on dit, que telle puisse «être la conséquence rigoureuse du principe de la loi, la majorité a pensé «que si les valeurs mobilières échappent au droit de mutation par décès, «leur mobilité les soumet du moins au droit de transmission entre-vifs; «les éléments manqueraient pour déterminer la taxe avec précision, et, en «tout cas, la perception en serait pleine de difficultés et d'inconvénients. » (*Moniteur* du 16 décembre 1848, p. 3583.)

§ 2.

SIMPLIFICATION DU TRAVAIL.

1. Cette partie du projet ne doit pas donner lieu à de longs développements. Les réformes proposées ont un caractère d'ordre intérieur et purement administratif; elles échappent complétement à la compétence du pouvoir législatif. L'honorable M. Parent reconnaît, d'ailleurs, qu'il n'est pas « *assez versé dans ces matières* » pour apprécier si le nombre des registres, sommiers et documents actuellement en usage est ou non justifié par les besoins du service.

On se bornera donc à faire remarquer : 1° que la diversité des documents dont la tenue est prescrite, est nécessitée par la multiplicité des attributions confiées à l'Administration de l'enregistrement; 2° que les opérations des receveurs ont reçu récemment toutes les simplifications et améliorations compatibles avec les exigences de leur service.

Une commission, composée d'employés supérieurs de cette administration et qui a tenu, sous la présidence du directeur général, de fréquentes séances en 1874 et 1875, a examiné successivement tous les points susceptibles de donner lieu à des modifications. La plupart des réformes dont l'opportunité a été reconnue ont été immédiatement adoptées. Ces réformes ont fait l'objet des instructions du 10 août 1874, n° 2489; du 17 octobre 1874, n° 2492; du 21 octobre 1874, n° 2493; de la circulaire du 22 octobre 1874, n° 57; des instructions du 31 décembre 1874, n° 2501; du 27 février 1875, n° 2505; du 27 avril 1875, n° 2508; du 20 décembre 1875, n° 2537, etc.

Elles portent notamment sur la réduction du nombre des registres et des sommiers; sur la suppression d'une quantité considérable d'états périodiques; sur la dispense de transcrire littéralement les actes sous seings privés emportant mutation (l'une des modifications réclamées par M. Parent), et sur beaucoup d'autres points qu'il serait trop long d'énumérer ici. La tenue du Répertoire général a été simplifiée dans une large mesure, et cet important document rend aujourd'hui tous les services qu'on peut en attendre.

En résumé, le travail des receveurs, bien que considérable encore, a été allégé dans une proportion assez sensible pour qu'il n'y ait pas urgence à introduire de nouvelles améliorations, et notamment à recourir à la création de *fondés de pouvoirs*, proposée par M. Parent, mesure dont il est inutile de faire ressortir les inconvénients et les dangers.

2. M. Parent estime que les agents de l'Administration de l'enregistrement sont dans l'impossibité de surveiller les évaluations immobilières, et il pense qu'il conviendrait de s'assurer, sur ce point, du concours de l'Administration des contributions directes.

L'honorable député ignore sans doute que ce concours, très-utile, n'est nullement négligé. Les renseignements recueillis par les contrôleurs des contributions directes sont mis à la disposition des agents de l'Administration de l'enregistrement et soigneusement utilisés. Les contrôleurs des contributions directes trouvent également dans les registres des receveurs de l'enregistrement des indications précieuses sur les mutations immobilières et en font annuellement le relevé. En un mot, les deux administrations se prêtent une mutuelle assistance, très-efficace pour les intérêts du Trésor.

M. Parent semble, d'ailleurs, ne pas se rendre un compte exact de l'organisation qui permet aux agents de l'Administration de l'enregistrement d'exercer une surveillance constante sur les évaluations immobilières.

Dans toutes les villes où le travail excessif imposé aux receveurs ne leur laisserait pas le temps de donner les soins suffisants à cette importante partie du service, il existe des *contrôleurs de l'enregistrement*, chargés spécialement de la recherche des fraudes, en matière d'estimations immobilières, et qui conservent, analysés sur des sommiers spéciaux, tous les documents relatifs aux mutations entre-vifs ou par décès de chacun des immeubles dépendant de leur circonscription. Les contrôles, dans les départements autres que celui de la Seine, ont été organisés par la circulaire du 28 novembre 1866, par l'arrêté du 12 décembre 1873 et par la circulaire du 31 janvier 1874.

A Paris, un contrôle central, créé par décision du 21 mai 1823, vérifie l'exactitude de toutes es évaluations et déclarations concernant les immeubles du département de la Seine, et les résultats obtenus témoignent de l'efficacité et de l'utilité de cette institution.

Dans les villes chefs-lieux d'arrondissement ou de canton où il n'existe pas de contrôle distinct, les receveurs ont à leur disposition, au moyen du Répertoire général, tous les éléments indispensables pour la découverte et la répression de la fraude. Le directeur général a constamment tenu la main à ce que ces éléments fussent utilisés avec le soin et l'attention nécessaires, et une circulaire récente du 23 juin 1876 contient sur ce point des recommandations qui ne seront pas perdues de vue.

On peut donc affirmer avec certitude que les craintes manifestées par M. Parent ne sont pas fondées, et que l'ensemble des mesures adoptées présente toutes les garanties désirables.

3. M. Parent passe ensuite à la question relative aux baux verbaux.

Il émet également des doutes sur l'efficacité du contrôle exercé en cette matière par les employés de l'enregistrement, et il réclame le concours des contrôleurs et des percepteurs des contributions directes.

Le service relatif à la réception des déclarations de locations verbales a été réglé avec le plus grand détail par les instructions des 4 et 19 juillet 1872 (n° 2452 et 2453). Rien n'a été négligé pour assurer la conservation et le classement de tous les documents, le payement régulier des droits et l'accomplissement exact des obligations imposées aux propriétaires. A Paris et dans la plupart des villes importantes, ce service a été confié à des contrôleurs de l'enregistrement (arrêté du 12 décembre 1873, circ. du 31 janvier 1874), et grâce à des efforts constants et bien dirigés, cette importante et laborieuse organisation est aujourd'hui terminée.

Les notes recueillies par les contrôleurs des contributions directes sont, comme en matière de ventes et de successions, communiquées aux agents de l'enregistrement et leur fournissent des renseignements précieux sur l'exactitude des déclarations. Les instructions précitées n° 2452 et 2453 contiennent à ce sujet des prescriptions concertées entre les deux services. (V. également arrêté du 12 décembre 1873.)

En outre, aux termes de la décision ministérielle rapportée dans l'instruction du 18 septembre 1871, n° 2418, les percepteurs des contributions directes sont chargés de recevoir les déclarations de locations verbales et de percevoir les droits dans les communes où il n'existe pas de bureau d'enregistrement. A raison de ce concours, il leur est alloué une rémunération dont le taux et le mode de payement ont été déterminés par la décision ministérielle du 23 octobre 1874. (Lettre commune n° 60.) Par une circulaire du 27 mars 1876, n° 76, tous les directeurs de l'enregistrement ont été invités de nouveau à veiller, de concert avec les trésoriers payeurs généraux, à ce que ces prescriptions soient strictement exécutées.

Enfin, des formules imprimées pour déclarations de locations verbales sont mises à la disposition du public depuis la promulgation de la loi du 23 août 1871. (Instr. du 18 septembre 1871, n° 2418.)

M. Parent paraît avoir ignoré l'existence de ces mesures qui enlèvent toute leur portée à ses diverses propositions.

C'est également par erreur que l'honorable député fait allusion au renouvellement *annuel* des déclarations de locations verbales. Ces déclarations doivent porter, non sur la durée d'une année, mais sur la durée de la jouissance, et c'est pour plus de commodité que certains propriétaires ont pris l'habitude de faire tous les ans une déclaration collective des locaux compris dans leurs immeubles; mais cette obligation n'est nullement inscrite dans la loi.

4. On ne croit pas devoir insister sur la proposition relative aux *contraintes collectives*, dont l'emploi présenterait de sérieux inconvénients et de bien faibles avantages.

5. Parmi les réformes auxquelles il a été fait allusion plus haut, figure l'autorisation d'enregistrer sommairement et par état certains actes usuels. Cette simplification rend sans utilité la proposition faite par M. Parent de remplacer, dans certains cas, par l'apposition de timbres mobiles la formalité de l'enregistrement. L'adoption de cette mesure ne manquerait pas, d'ailleurs, de donner naissance à de nombreux abus. Il importe, au surplus, de ne pas confondre les droits d'enregistrement avec les droits de timbre.

6. M. Parent a consacré un chapitre spécial de son important travail à l'institution dite du *Tabellionnage*, autrefois adoptée en Savoie avant l'annexion, et qu'il désirerait voir introduite dans notre législation.

Cette institution consistait dans le dépôt par le notaire au bureau de l'enregistrement, en même temps que de la minute de l'acte public, d'une expédition qui prenait place dans les archives de l'Administration.

Ces expéditions, auxquelles se joignaient les copies de tous les actes sous seing privé, étaient réunies chaque année en un ou plusieurs volumes, avec tables de noms, dates, etc.

Quant à l'enregistrement, il consistait dans une simple *relation* inscrite en marge de l'acte et de l'expédition. M. Parent fait ressortir les avantages de cette organisation, contre laquelle il ne découvre pas d'objection pratique sérieuse.

Cette question a été examinée avec soin, au point de vue administratif, le seul qui doive nous occuper ici, par la commission spéciale dont il a été déjà parlé.

Elle s'est prononcée à l'unanimité contre l'introduction en France du système adopté par la législation piémontaise. On se bornera à résumer les nombreuses objections auxquelles donne lieu l'application de ce système :

1° Il serait nécessaire de consacrer des locaux spéciaux à la conservation des expéditions. Or, il est facile de prévoir combien cette installation rencontrerait d'obstacles dans les chefs-lieux de canton peu importants, et combien elle occasionnerait de frais pour le Trésor dans les villes où les receveurs éprouvent déjà tant de peine pour établir convenablement leurs bureaux. L'accumulation des documents rendrait bientôt, au surplus, une semblable organisation absolument impraticable. On peut en juger d'après les archives des conservations des hypothèques qui sont loin de présenter un développement aussi étendu que celui des doubles minutes et qui exigent cependant des aménagements considérables ;

2° Il y aurait également nécessité de transformer radicalement le système hypothécaire, car on ne saurait, sans susciter de vives et légitimes réclamations, exiger, pour la transcription des actes, le dépôt de nouvelles expéditions. Il faudrait donc charger tous les receveurs de l'accomplissement des formalités hypothécaires. Ce serait là une réforme de la plus haute gravité, tant au point de vue de l'accroissement exagéré du travail dans certains bureaux, que des modifications profondes apportées dans la responsabilité des comptables et dans les garanties accordées au public ;

3° La confection des doubles expéditions entraînera nécessairement des frais qui seront supportés par les contribuables. C'est là un accroissement de dépense bien superflu qui viendrait s'ajouter, sans grande utilité, au total déjà si élevé des droits payés au Trésor et des honoraires touchés par les officiers publics ;

4° Ce serait une erreur de croire que le travail des employés serait atténué par suite de l'adoption de cette mesure. Les vérifications des employés supérieurs seraient, au contraire, rendues plus difficiles. La *relation sommaire* des droits perçus, inscrite sur l'acte, ne suffit pas, en effet, dans la plupart des cas, pour révéler clairement les motifs de la perception. C'est au vu de l'enregistrement, analyse détaillée et explicite, que l'employé supérieur peut actuellement se rendre compte avec précision de l'interprétation donnée aux dispositions des actes par l'agent de la perception. Si cette analyse fait défaut, le travail de l'agent vérificateur devient bien moins facile et plus incertain, surtout si, comme cela arrive fréquemment, l'auteur de la perception n'est plus en fonctions dans le bureau lorsque l'employé supérieur y vient opérer sa vérification;

5° Un grand nombre d'actes renferment des dispositions concernant des biens situés ou des personnes domiciliées dans des cantons autres que celui où l'acte est soumis à la formalité. Dans ces cas très-fréquents, le receveur qui enregistre l'acte doit faire à ses collègues le renvoi d'une analyse complète et détaillée des dispositions qui les concernent. Ces renvois consistent dans la transcription d'un extrait de l'enregistrement. Si l'enregistrement détaillé est remplacé par une relation sommaire des droits, le receveur devra donc procéder, pour chaque acte à renvoyer, à une analyse détaillée. Cette obligation rend illusoire la prétendue simplification résultant de l'enregistrement par relation;

6° Enfin, il faut tenir compte du travail considérable qu'exigerait la formation, par année ou par volume, d'une table de noms et d'une table chronologique, destinée à permettre les recherches dans le recueil des expéditions.

On croit avoir ainsi répondu à toutes les observations présentées par M. Parent dans son volumineux travail. On a cherché à établir, dans la première partie de cette note, que notre législation fiscale ne réclamait pas la révision complète dont l'honorable député s'est efforcé de démontrer la nécessité. On espère avoir également réussi à prouver que ses diverses propositions, relatives aux modifications à introduire dans le service intérieur de l'Administration de l'enregistrement, outre qu'elles échappent complétement à la compétence du pouvoir législatif, reposent sur des considérations sans portée pratique ou ne présentent aucun caractère d'opportunité.

Paris, le 15 mars 1877.

Imprimerie Nationale. — Mars 1877.

www.ingramcontent.com/pod-product-compliance
Lightning Source LLC
LaVergne TN
LVHW020440060726
842525LV00006B/2467